ARSÈNE ALEXANDRE

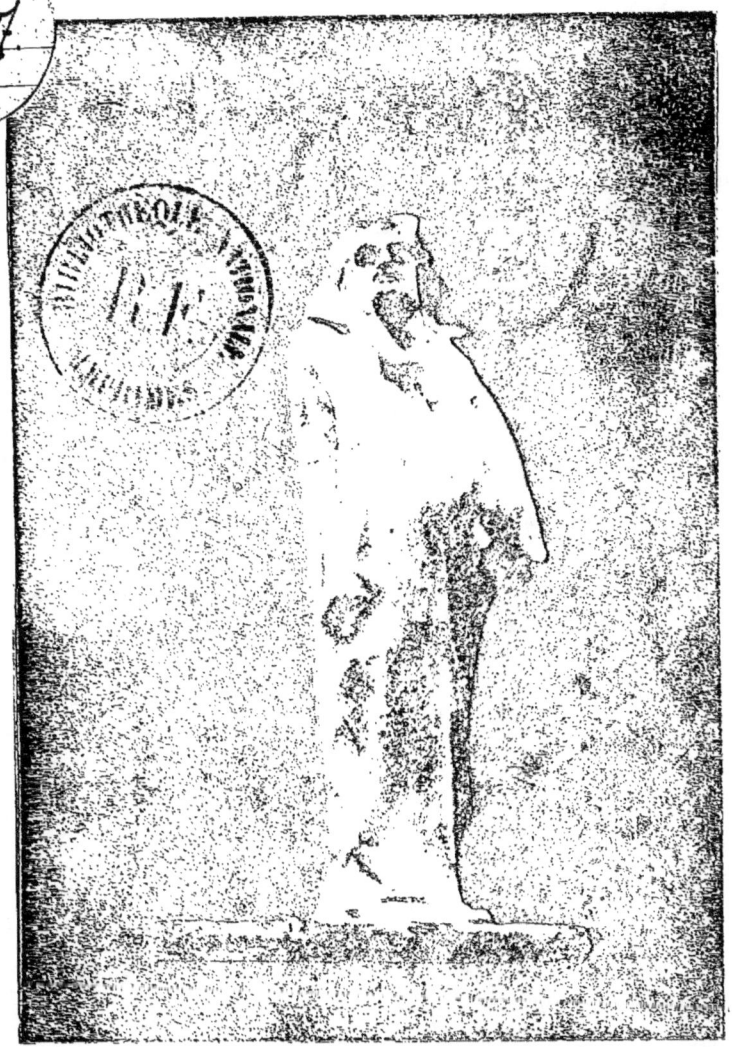

le BALZAC de RODIN

H. FLOURY, ÉDITEUR
1, B^d des Capucines

Prix : 60 centimes

le BALZAC de RODIN

le BALZAC de RODIN

Pour aller rire devant la statue de Balzac par M. Rodin, on peut se rendre au Palais des Machines par différents chemins.

Nous ne sommes pas ennemis d'une douce gaieté, et puis, il faut bien suivre la mode. Allons donc rire devant le Balzac de Rodin.

Irons-nous par le long de la Seine? Oui, sans doute, puisque ayant l'excentricité d'être au nombre des admirateurs de cet artiste nous venons évidemment de Charenton. Donc, en venant de Charenton, nous trouverons dès la pointe de l'île Saint-Louis, pour nous mettre en train, une excellente occasion de gaieté, un souvenir de réjouissantes plaisanteries qui rappellent assez bien celles que nous entendrons tout à l'heure.

Il y a là un monument, un peu compliqué, mais plein de bonnes intentions, élevé en l'honneur du sculpteur Barye, qui divertit ses contemporains. Ce sculpteur avait eu en effet l'idée comique de modeler des animaux, des lions, et d'essayer de rendre leur majesté et leur souplesse. Or, à ce moment-là, tout le monde savait très bien, non seulement les artistes mais encore les premiers bourgeois venus, que les animaux n'étaient pas des sujets *nobles*, et qu'à la rigueur si on avait le caprice de représenter un lion, il fallait au moins que sa crinière fût bouclée et qu'il posât la patte sur une boule.

Les lions de Barye n'ayant pas la moindre boule à se mettre sous la patte et ne s'étant pas fait friser la crinière, furent jugés extrêmement bouffons, et vraiment cela se comprend. Rions-en comme en 1833; ne renions pas la vieille gaieté de nos pères.

C'étaient, comme aujourd'hui, les confrères même de l'artiste qui dirigeaient le mouvement et empêchaient, par des mots heureux, l'hilarité de tomber. Un d'entre eux trouva une saillie qui va vous faire trop rire. Tenez-vous bien.

∾

Comme on proposait, timidement — il faut avouer que c'était un fou, ou, comme nous dirions aujourd'hui, un snob, ou un littérateur, — de mettre le *Lion* de Barye dans le Jardin des Tuileries, le confrère, non, c'est trop drôle, s'écria :

« Ah çà! est-ce qu'on va prendre les Tuileries pour une ménagerie? » On pouffa, et des femmes craignirent d'avoir trop ri.

Pourtant, il n'y avait pas que des rieurs. Il y avait aussi des gens indignés, des vengeurs, des sauveurs des saines traditions, qui, blêmes de colère, ne desserraient les dents que pour dire : « Le jour où l'on mettrait cette horreur sur une place publique, il faut bien espérer que la foule n'en laisserait pas une miette. »

Mais décidément, mieux valait rire, et l'on rit de la ménagerie, jusqu'à ce qu'on eût trouvé un mot encore plus plaisant. Barye avait fini par être accepté et goûté d'un certain nombre de fous et de malades. Des personnages officiels (ah! que c'est gai! c'est exactement aussi gai qu'aujourd'hui) s'étaient, dans une minute d'égarement, engagés envers lui pour d'importants travaux, puis avaient, comme une simple Société des Gens de Lettres, manqué à leurs engagements, à la façon, il est vrai, des chicaniers, qui respectent la lettre d'un traité et savent en fausser l'esprit. Alors, Barye, se voyant interdites les œuvres monumentales, fit des statuettes pour l'ornement des intérieurs raffinés. Quand les gens d'esprit voulaient rire et faire rire (ah! c'est cette fois que vous allez rire à votre tour) ils affectaient la surprise : « Barye? Qui ça, Barye?... Ah! oui, c'est, n'est-ce pas, ce fabricant de presse-papiers? »

Hein? Presse-papiers! C'est trouvé, cela! On s'en est esclaffé pendant des années. Puis, après avoir bien ri, on a fini par élever ce monument, où l'on a entassé, en manière d'expiation, le plus qu'on a pu d'œuvres de ce fabricant de presse-papiers, jadis jugé si grotesque, pour ne pas dire si dangereux.

Décidément, nous prendrons un autre chemin pour aller à l'exposition nous faire une pinte de bon sang devant le Balzac de Rodin.

❦

Nous passerons par l'autre côté, là-bas, par l'Arc-de-Triomphe. Vous ne vous doutez pas de la délicieuse plaisanterie que nous allons trouver là, cette fois, pour nous mettre dans les dispositions hilares qu'il faut.

Un autre personnage, non moins comique et non moins dangereux que Barye, a décoré le monument d'un groupe scandaleux. Cela s'appelle le *Départ des volontaires de la République en 1792*, et cela a pour auteur un nommé Rude. Il y a, là-dedans, une certaine figure de la Liberté, ou de la Marseillaise, qui provoqua de justes stupeurs lorsqu'on eut le cynisme de l'exposer à la foule.

Songez donc! une figure de femme qui entonne un chant de fureur et de désespoir, et qui le chante, *la bouche ouverte*, et sans faire des grâces !

Du coup, encore un confrère trouva le mot de la situation : « La passion qui grimace aux heures les plus solennelles est ridicule. La laideur n'entraîne pas, et le visage de la Liberté tel que Rude l'a rendu est hideux. » Le confrère ajoutait que cette figure « agaçait les nerfs et faisait sourire de pitié ». Or, ce juge qui ne savait pas trop s'il fallait rire ou se fâcher était un très grand artiste : il s'appelait David d'Angers. Consultons les artistes, même les plus célèbres, lorsque nous voulons nous faire une opinion sur l'œuvre de leur voisin. Lorsque nous serons, dans quelques instants, devant le Balzac de Rodin, n'oublions pas de demander l'avis d'un sculpteur. Nous n'aurons pas besoin d'en amener un ; on en trouve, devant la statue, à toutes les heures de la journée.

Mais nous n'avons pas fini de rire avec le groupe de Rude. Un autre statuaire avait trouvé une fine facétie qui va nous faire tordre ; ce statuaire s'appelait Etex. Le ministre qui dispensait les travaux de décoration de l'Arc-de-Triomphe avait eu l'idée vraiment géniale de lui demander son avis sur les projets de son confrère. « Lorsque M. Thiers, racontait lui-même Etex, me montra la première esquisse (Rude avait esquissé quatre groupes pour les quatre piliers), je me contentai de dire : « Très bien ! » Lorsque le second passa

devant mes yeux, je dis encore : « Très bien ! »
Au tour du troisième, je dis, cette fois : « Très bien ! » Mais, pour le quatrième, je dis : « Très bien ! »

Quelle excellente, quelle généreuse plaisanterie ! Comme elle a fait rire son auteur, et le ministre, et les assistants, et nous-mêmes, comme elle nous dilate à notre tour ! Du coup, les engagements verbaux pris avec Rude furent rompus ou tournés. Etex trouva sa farce d'autant plus réussie qu'elle lui valut l'exécution de deux des groupes promis à son confrère. C'est même une des choses qui nous empêchent, à présent, de rire autant que nous le voudrions, devant l'Arc-de-Triomphe.

Décidément nous prendrons un autre chemin pour aller grossir la foule des rieurs devant le Balzac de Rodin.

∾

Prenons par le Louvre. Nous rirons tout aussi bien là qu'ailleurs, en cherchant un peu. Justement, nous allons trouver là un des tableaux les plus ridicules de l'école moderne. Cela nous dispensera de remuer les cendres des maîtres anciens et de rechercher les gaietés que plus d'un d'entre eux également suscita.

Nous voici devant ce tableau burlesque : *les*

Croisés, de ce « fou.», de ce « sauvage ivre » qui s'appela Eugène Delacroix. Seulement faites bien attention. Riez bien de ce qu'il faut. — De quoi ? — Vous ne voyez pas ? — Quoi ? — Là. C'est pourtant visible. Le cheval rose ! Le che-val rose ! — Je ne vois pas de cheval rose. — Eh bien, les contemporains, plus malins, l'ont vu, eux. Pendant toute l'exposition, on alla rire à gorge déployée devant le cheval rose. Est-ce qu'on a jamais vu de chevaux de cette couleur-là, sauf dans l'imagination de certains dangereux artistes soutenus par de plus dangereux écrivains ?

Notez que le cheval n'était peut-être pas rose. Mais il suffisait que le public — et les artistes, bien entendu — l'eussent vu rose pour qu'il le fût jusqu'au moment où l'on a élevé un monument à Delacroix, et où M. Dalou, par une très belle pensée qui peut s'appliquer à tous les exemples de ce genre, a montré le Temps empressé à réparer ses propres injustices.

Comme il faut bien rire, comme nous nous sommes engagés à rire de bon cœur, voici à propos de l'auteur du cheval rose, un extrait de journal qui ressemble assez à ce que nous avons lu ces temps derniers : « Et c'est un peintre aussi insoucieux de sa gloire, aussi peu sûr de son œuvre, que l'on choisit sur de telles *ébauches*, sur de simples indications de pensées, pour décorer une salle entière dans le Palais de la

Chambre des Députés! En vérité la responsabilité est plus qu'engagée; elle pourrait bien être compromise. » (*Le Constitutionnel*, avril 1844.)

Aujourd'hui, lorsqu'elle se trouve en présence d'une *ébauche*, la Société des Gens de Lettres la dégage, sa responsabilité.

Rions encore un peu avant de quitter le Louvre. Tout en riant comme il convient, il faut encore se préoccuper un peu de l'avenir. Aussi, en 1862, un spirituel et indigné écrivain s'exprimait en ces termes, toujours à propos des peintures de Delacroix : « N'est-il pas à craindre qu'un jour, en voyant les plafonds de nos palais et de nos musées couverts de ces enluminures *informes*, nos descendants ne soient saisis de l'étonnement que nous éprouvons nous-mêmes quand nous voyons nos ancêtres placer parmi les chefs-d'œuvre de la poésie la « Pucelle » de Chapelain ? »

Nous ne sommes pas tout à fait à plaindre aujourd'hui puisque nous avons encore un guide sûr, un écrivain aussi nettement prophétique, qui s'appelle M. Jean Rameau : « Si on veut écouter ma modeste voix, on s'empressera de l'ériger, cette statue mirobolante (le Balzac). Et on la mettra sur un piédestal bien haut pour qu'on la voie de loin, on coulera dans son moule un bronze indestructible, pour que les siècles futurs sachent à quel degré d'aberration mentale nous étions arrivés à la fin de ce siècle-ci. »

Nous avons bien peur pourtant que tout ceci ne soit pas assez drôle. Pour nous mettre en joie, nous nous rappellerons que devant d'autres œuvres de Delacroix, on répéta, en riant aux larmes, la proposition d'un critique demandant que pour le récompenser on accordât au peintre la permission de travailler à la Morgue. Ah! cette fois, c'est drôle, pas vrai? Et le moyen de ne pas pousser un franc et sonore éclat de rire en répétant, devant une autre peinture qui est aussi au Louvre, pas loin du cheval rose, devant *Dante et Virgile*, cette exclamation du critique Delécluze : « Ce tableau n'en est pas un ; c'est une vraie tartouillade. »

Tartouillade !

On avait encore plus d'esprit que M. Rameau dans ce temps-là. Nous n'avons pas encore assez ri, et nous prendrons une autre route pour aller rire devant le Balzac de Rodin.

~

Nous passerons par l'Opéra. Non pas, comme vous pourriez le croire, pour nous tenir les côtes en voyant sur les affiches qu'on fait au public la bonne farce de représenter à chaque instant les œuvres d'un certain fou, Wagner, qui excita au plus haut point la verve de ses spirituels contemporains. Ni même pour remarquer que la Société des Concerts exécute dans ce temple des bouffonneries de Beethoven et de Berlioz où personne ne comprenait rien naguère, sinon qu'il fallait en rire. Nous laisserons pieusement reposer les plaisanteries pourtant si amusantes, si chatouillantes, sur la musique de l'avenir, sur les casseroles, les chaudrons, les sifflets à roulettes, car il y a quelque chose de bien plus drôle encore ; rien qu'à l'extérieur du monument.

Ce groupe de la *Danse*, qui vous paraît peut-être tout frémissant de vie et de mouvement, mais qui, pour des gens plus informés que vous puisqu'ils vivaient de ce temps-là, était l'œuvre scandaleuse d'un énergumène ou d'un farceur, a été l'objet d'une des meilleures charges d'atelier que l'on puisse citer dans toute l'histoire de l'art. Sur ces beaux corps joyeux et tournoyants, un gai compagnon, mis en joie par les articles des critiques, des statuaires et des peintres d'alors, aussi plaisants que certains de ceux que nous avons le bonheur de posséder aujourd'hui, brisa un litre d'encre, de façon à faire une belle tache, énorme, une tache à mourir de rire rien qu'en la regardant.

Le camarade eut l'esprit de faire son coup la nuit, pour que l'effet comique fût plus foudroyant le matin, et la modestie de taire à jamais son nom pour mieux savourer lui-même sa facétie.

Depuis, la tache a disparu. On aurait dû la laisser ; l'œuvre n'en aurait rien perdu, et l'exemple serait demeuré plus frappant de la façon dont on doit, dans un pays artiste, rire aux dépens des belles choses qui déplaisent tout d'abord aux confrères intéressés et au public docile.

Mais avons assez ri devant l'Opéra. Prenons encore un autre chemin pour aller rigoler devant le Balzac de Rodin. Il y a peut-être des routes encore plus gaies.

Poussons jusqu'à l'Observatoire, où nous ferons une petite station devant une certaine fontaine des Heures, du même Carpeaux. Vous allez rire. Un comité (on rit toujours bien mieux en comité) chargé de la reception de cette création exquise, se logea dans l'idée que les figures n'étaient pas *finies*. En effet, Carpeaux leur avait laissé cet épiderme un peu rugueux, qui donne à la statue placée dans l'air le modelé le plus délicat et le plus frémissant. Le procédé a fait depuis la fortune de divers membres de l'Institut. Mais avant il fallait rire, et le comité contraignit Carpeaux, après quelles luttes et quels chagrins de la part de l'artiste! (situation éminemment risible, délicieusement comique) à polir ses bronzes au papier de verre. C'est amusant, très amusant.

En continuant notre route nous passons devant le Panthéon, puis devant la Sorbonne. Ici, c'est un témoin qui dépose. J'ai encore dans l'oreille les bons, les francs, les courageux éclats de rire qui résonnaient au Salon devant les peintures de Puvis de Chavannes. Tout jeune homme, aimant instinctivement les images, ne fréquentant pas les sociétés de gens d'esprit, lisant très rarement les journaux, je ne comprenais pas ce qui paraissait si prodigieusement drôle devant ces calmes et simples spectacles. Ils m'enchantaient et me troublaient ; mais j'aurais voulu être renseigné sur leurs côtés bouffons. «Comment, me disait le premier passant venu, vous n'avez donc pas lu, gamin, les comptes rendus des critiques ? Vous n'avez donc pas vu qu'il n'y a là ni dessin, ni couleur ? Vous ne savez donc pas que ces femmes sont des sacs de pommes de terre, sans forme, sans contour, sans grâce ? Et ces fleurettes piquées dans le sol, est-ce assez drôle ! Et cette couleur terreuse ! Et ces idées saugrenues ! Vous ne vous rendez donc pas compte que celui qui a fait cela *se moque de nous*? Ah ! mais ! Vous n'avez donc pas lu M. Edmond About ? Je pense que vous n'allez pas soutenir que M. Edmond About n'est pas un homme d'esprit ? Enfin vous ignorez donc ce qu'on dit de votre Puvis de Chavannes (on s'amusait même à retourner ce nom de cent façons plus gaies les unes que les autres). Eh bien, on dit qu'avec ses façons de faire le naïf, c'est un vieillard qui s'exerce à téter! Ah! ah! à téter! Hein! vous n'auriez pas trouvé ça, mon petit?»

Et tout le monde riait. Depuis, j'ai entendu les mêmes rires successivement, jusqu'aux environs de 1892, devant toutes les grandes œuvres de M. Puvis de Chavannes. Devant l'*Inspiration chrétienne*, maintenant au musée de Lyon. Devant le *Bois sacré*. Devant le *Pauvre Pécheur* près duquel nous pourrions encore aller rire tout à l'heure au Luxembourg. Devant la décoration de la Sorbonne. J'ai même entendu les rires redoubler devant le carton de la Sorbonne et des confrères qui faisaient alors le Salon s'écrier, textuellement, en brandissant leurs notes: « Enfin, cette fois nous le tenons! Il n'a jamais rien fait de plus grotesque! Nous nous sommes tordus, et le public se tordra. »

Ma foi oui, quoique pas très vieux encore, j'ai entendu exactement les mêmes railleries, faites dans les mêmes termes, devant les œuvres de Puvis; les mêmes remarques profondes faites par les défenseurs de l'art; les mêmes mots de peintre, démontrant, sec comme un coup de rasoir, que cela « n'existait pas »; les mêmes accusations de *jumisterie;* les mêmes lamentations, avec des bras levés au ciel et des « où allons-nous? »

à fendre l'âme ; les mêmes tristesses hypocrites sur ce pauvre homme qui avait de si belles dispositions et qui avait fait autrefois des choses presque passables. Tout cela je l'ai réentendu ou relu ces jours-ci à propos du *Balzac* de Rodin, et je pense qu'il ne va pas moins nous amuser.

❦

Nous avons assez ri en route. Gardons un peu de forces pour la statue de Balzac. Tous les chemins, décidément, sont gardés, sont semés de distractions folles, d'hilarants obstacles. Paris (ne nous en plaignons pas trop) est semé d'anciennes choses drôles, devenues admirables.

Voici, d'après les comptes rendus les mieux renseignés, les jugements décisifs qui ont été portés dès le premier jour par le public du vernissage.

— C'est Balzac? Allons donc! C'est un bonhomme de neige.

— Il va tomber, il a trop bu.

— Non, c'est Balzac qui est sorti de son lit pour recevoir un créancier.

— Je ne vois rien du tout.

— C'est Balzac dans un sac.

— Il n'a pas d'yeux.

Et enfin, le cri le plus trouvé, le plus drôle, celui dont on rira longtemps, tellement il est fin, bien frappé et plein de bon sens mêlé à une certaine ironie supérieure :

— Ça ! Balzac ? *On dirait du veau !*

Il n'y a pas à dire. Le veau est amusant. Le veau est péremptoire. Le spirituel passant — espérons que ce fut un membre de la Société des Gens de Lettres — qui a formulé cette critique enjouée, délicate, vient relever d'une agréable gaieté boulevardière les profondes critiques des gens de métier. Ce veau, ce bonhomme de neige, ce sac et ce créancier constituent à peu près tout ce qu'on a dit de plus drôle dans les journaux et dans les conversations. J'ajoute la « larve informe » des critiques attristés ou indignés.

Pourtant, si divertissantes que soient ces plaisanteries, ne seraient-elles pas un peu insuffisantes si vraiment la statue de Balzac était une belle œuvre, qu'on aurait regardée trop vite, et qui aurait produit une impression violente, justement parce qu'elle serait belle, c'est-à-dire neuve ?

Hum ! si nous avions ri un peu trop vite ? Ce serait tout de même vexant d'être plus tard assimilés aux gens gais qui s'esclaffèrent devant le cheval rose, crurent imiter la musique de Berlioz en tapant sur des casseroles, mêlèrent leur indignation à celle des marmitons pour empêcher la représentation de *Lohengrin*, et pensèrent mourir de rire devant les œuvres de M. Puvis de Chavannes.

Ayons donc tout d'abord la simple prudence de regarder un peu la foule des rieurs avant de nous mêler à elle. Nous déciderons après de quel côté nous pouvons nous ranger.

En premier lieu, observons les artistes, car c'est par eux que le mouvement a commencé. Nous les avons regardés attentivement; ils en valaient la peine. Voici les sentiments qui les dominaient. Certains péroraient avec colère : « Si c'est cela qu'on appelle de la forme, je ne m'y connais pas. » D'autres se préoccupaient simplement de faire des mots d'esprit, mais n'atteignaient pas à la hauteur épique de « on dirait du veau ». Le plus grand nombre triomphait. Enfin, il s'est donc trompé! C'est toujours la parole du critique cité plus haut : « Enfin nous tenons Puvis de Chavannes! Il n'a jamais rien fait de plus grotesque! »

Les passants, entendant ce langage d'artiste, répétaient avec joie : « Enfin Rodin s'est trompé! » On aurait dit, le premier jour, que c'était un bonheur public, et qu'il venait d'arriver quelque chose de très heureux à la France.

Ce sentiment n'était ni très généreux ni très juste. Que des artistes, s'imaginant que les œuvres d'un confrère, différant des leurs, peuvent nuire à leur commerce si elles remportent un grand succès, se réjouissent d'un insuccès triomphal, ce ne sera pas sans doute très beau ni très noble ; ce sera du moins humain. Mais que la foule, désintéressée de ces questions de concurrence, et n'étant en somme appelée qu'à jouir des belles choses, pousse des cris de joie si elle croit qu'un grand artiste, un homme qui nous a déjà donné le bienfait de créations admirables, s'est un jour trompé, cela nous paraît une disposition d'esprit toute particulière, et que l'on ne trouve peut-être pas dans les autres pays.

Alors que nous devrions être désolés, respectueusement silencieux, nous exultons.

Mais il y a peut-être autre chose qu'une erreur de la part de cet artiste. Il y a peut-être tout simplement une œuvre nouvelle, que nous ne comprenons pas en une minute parce qu'elle a coûté à son auteur plusieurs années de travail. Dans ce cas, nos rires ne seront pas seulement ceux de gens dépourvus de noblesse, mais encore de gens qui ne veulent pas chercher à comprendre.

La petite promenade que nous avons faite un peu dans tout Paris avant de venir rire devant ce Balzac, nous a montré que toutes les œuvres vraiment originales et neuves, celles qui dans les musées ou sur les places tranchent sur la banalité, ont tout d'abord produit une impression de surprise.

Pourquoi ? Parce qu'elles ne ressemblaient pas aux autres, voilà tout. Cela devrait être un mérite ; on leur en faisait un crime. Le public, chez nous, veut du nouveau qui ressemble à ce qui est connu. En art, la surprise que cause une harmonie, un mouvement inédit, devrait être une sensation de joie ; elle produit cet effet sur ceux qui aiment spontanément les belles choses ; sur les autres elle produit l'effet contraire. On renonce passionnément, furieusement, au plaisir de la surprise.

❧

Continuons de regarder les spectateurs. Nous en avons vu, à côté des épanouis, un assez bon nombre de furieux. Ils arrivaient devant la statue en brandissant des parapluies, des livrets ; ils étaient fort en colère non pas parce que cela choquait chez eux certaines convictions, certains goûts artistiques, mais parce qu'ils pensaient que l'artiste avait voulu « se moquer d'eux », et qu'ils entendent être respectés. « On se moque de nous ! »

Mais non, mon bon monsieur. Personne n'a eu cette pensée. Ni le sculpteur qui s'est donné beaucoup de mal, qui a mis tous ses efforts à trouver une ligne, une expression, un modelé qui le satisfassent, ni les quelques écrivains qui ont applaudi au résultat de cet effort. Voyez-vous que nous dépensions, l'un beaucoup de temps, d'argent et de fatigues, les autres beaucoup d'enthousiasme, que nous engagions notre nom, notre réputation — peut-être même notre avenir — uniquement pour nous moquer de ce monsieur que nous ne connaissons pas?

D'autres fureurs, plus curieuses, s'emparaient de personnages qui jadis ont combattu et même souffert pour obtenir une liberté d'agir ou de penser qui leur était alors refusée. Un ancien membre de la Commune m'a dit : « On vous fusillera, on vous jettera à l'eau, vous et votre sculpteur! » J'ai trouvé cela charmant. Si ce communard, qui sur d'autres questions a souvent beaucoup d'esprit et de goût, rêve de noyer et de mitrailler ceux qui font des images, de simples images, et ceux qui trouvent du plaisir à les regarder, il n'y a pas trop à regretter que la Commune ait été vaincue par ce bon M. Thiers, qui n'en demandait pas autant.

Autres furieux encore. Ceux qui sont convaincus que le *Balzac* de M. Rodin est une chose très dangereuse pour la société, et que si on tolérait de pareilles œuvres sur la place publique, on cesserait de payer les impôts, la rente baisserait, et nous aurions la guerre. Pourquoi? Quel rapport? On n'a jamais pu savoir; mais il est certain qu'on a toujours fait aux œuvres d'art l'honneur, un peu exagéré, de les prendre pour des bombes et de leur découvrir une parenté politique. Malheureusement, si belle qu'elle soit, une œuvre nouvelle peut apporter aux hommes un peu de rêve, un peu de bonheur, mais elle ne change pas le gouvernement.

Voilà à peu près les variétés les plus intéressantes de spectateurs que nous avons pu observer. Il y avait aussi ceux qui riaient d'un bon gros rire sonore, d'un rire de charbonnier à qui on montre une femme nue. Puis il y avait des femmes, beaucoup de femmes, tout à fait charmantes, qui avec des mouvements gentils d'oiseau sautillant, venaient, se plantaient un centième de seconde devant la statue, prenaient le petit air de tête qui leur paraissait le mieux faire valoir leur chapeau, poussaient un petit cri, le même toutes : « Quelle horreur ! » puis repartaient bien vite, contentes, pour aller sautiller devant d'autres œuvres et pousser un autre petit cri, avec un autre effet de chapeau : « Comme c'est joli ! »

Dans un groupe de ces adorables visiteuses, j'en ai entendu une, pourtant, défendre M. Rodin, en bonne âme qui ne veut pas qu'on soit trop cruel : « Je vous assure qu'on m'a dit qu'il n'était pas méchant. »

Dans un autre groupe, une ravissante jeune fille disait à une amie avec des mines très sincèrement effrayées, et à demi-voix : « Il paraît que Rodin est en train de devenir fou, et qu'on le surveille. » Je suis convaincu que cette jeune fille a un sculpteur dans ses relations de famille.

D'une manière à peu près absolue j'ai constaté que l'examen auquel se livraient toutes ces variétés de juges, les furieux, les scandalisés, les alarmés, les hilares, les inquiètes, ne durait pas plus d'une demi-minute. C'est peu, si l'on sait qu'une belle œuvre révèle toujours des secrets nouveaux encore après des années, à ceux qui croyaient la mieux connaître. J'ai remarqué également que beaucoup étaient si bien renseignés par leurs amis ou par leur journal, qu'il leur suffisait d'arriver devant la statue, de faire un peu les parleurs, gais ou tragiques, puis de partir sans avoir regardé.

C'est d'ailleurs une expérience que l'on peut faire à propos de toutes les œuvres qu'il est de mode d'aller applaudir ou siffler. Les gens font la queue, paient très cher leur billet, et sont si heureux d'avoir obtenu ce premier et important résultat, qu'ils oublient d'écouter la partition, de regarder le tableau. Leur seule préoccupation est de pouvoir dire : « J'y étais. »

En somme, dans tout ce que disaient les passants, artistes ou badauds, ce que nous aurions souhaité entendre, ç'aurait été une seule, une toute petite remarque d'art. Rien que des mots. Un peintre a publié des articles où il a déclaré que le *Balzac* était « douloureux à voir ». Il y a beaucoup d'œuvres dont on ne peut pas en dire autant. Il a également affirmé que « Balzac s'il revenait parmi nous, refuserait lui-même sa statue. » Qui nous aurait dit que Balzac a choisi ce peintre pour dépositaire de sa pensée ?

Tout cela, malheureusement ne vaut pas une bonne raison, que l'on a trop oublié de nous donner.

~

Suppléons à ce léger oubli, et tâchons de dire à ceux qui ont ri ou se sont fâchés, ce qu'ils auraient vu s'ils avaient regardé.

Ils auraient vu, d'abord, tout simplement, la représentation dans le plâtre, en attendant la matière définitive qui accentuera encore les contours, donnera de l'éclat et de la finesse aux accents, d'un gros homme drapé dans une robe de moine et se renversant en arrière, par le mouvement instinctif de tous ceux qui se reculent sur place pour mieux juger un spectacle ou mieux écouter une idée.

Ce gros homme à la tête puissante, à l'encolure de taureau, jette sur la foule qu'il domine un regard profond, ironique et un peu triste. La lèvre et la moustache se retroussent par un pli vif et moqueur. Le front est encasqué de deux fortes masses de cheveux. Les mains sont croisées sur le ventre, sous la robe de moine, dont le gros homme n'a point passé les manches, retombant pendantes le long du corps. Le poids de ce corps appuie sur la jambe gauche, la jambe droite est portée en avant, le pied un peu rentré.

C'est, en somme, un mouvement très simple,

très naturel et qui n'a rien qui doive surprendre. Un spectateur de mes amis s'est dirigé furieux vers moi. Il a fait quelques pas, s'est arrêté brusquement, se penchant en arrière, avançant une jambe, croisant ses mains basses, et m'a crié : « Ah çà, vous n'allez pas me dire qu'on se tient comme ça? » Je lui ai dit : « Ne bougez pas. Vous êtes exactement dans la même pose que le Balzac. »

Beaucoup de gens n'ont pas encore pu admettre que l'on représentât ainsi Balzac sous la figure d'un gros homme, avec une grosse tête portant sur un gros cou. Evidemment ils le désiraient mince et distingué. Ils auront confondu avec Alfred de Musset. Mais Balzac était un gros homme ; nous n'y pouvons rien. Le portrait que d'après nature a tracé de lui Lamartine, portrait si heureusement cité par M. Gustave Geffroy dans ses beaux Salons du *Journal*, nous décrit minutieusement tous ces traits que nous retrouvons pour ainsi dire décalqués par le statuaire : la rapidité des mouvements malgré le gros corps, le nez proéminent, les yeux à l'expression singulière, pénétrante et ardente, les mèches de cheveux retombant sur les côtés du front vaste et cabossé.

Balzac n'est pas le seul exemple d'un gros homme répandant autour de lui une impression d'activité, de mouvement, de lumière intellectuelle. Pour prendre au hasard, Mirabeau, Renan, Alexandre Dumas, Gambetta ont été de gros corps portant des têtes puissantes, étranges, fortement caractérisées. Mais si l'on s'arrêtait seulement à leur obésité, si l'on ne voyait que cela chez eux, ce serait vraiment ne se faire d'eux qu'une idée incomplète. Le statuaire a voulu simplement faire sentir sous la robe le volume du corps, mais sans attirer l'attention plus qu'il ne convenait. La silhouette est véridique, et cependant, quand vous voyez la statue à une distance rationnelle, et non le nez dessus comme la plupart des spectateurs, cette silhouette est très noble, d'une très belle ligne.

Beaucoup de gens ignoraient encore que Balzac, pour travailler, s'enveloppait d'une ample robe blanche, à la coupe de robe de moine. On ne peut pas tout savoir, même des choses qui sont connues généralement. C'est pourquoi, sans la moindre ironie, nous répondons à ceux qui nous ont demandé la raison de ce costume, que c'est celui qui avait été remarqué, signalé par les contemporains.

Cette robe de chambre, cette robe de travail a déconcerté par sa simplicité. Il est certain que si M. Rodin lui avait fait passer correctement les manches, et même l'avait ornée de ramages, et comme disait Forain, n'avait pas oublié de lui mettre un gland, elle aurait été beaucoup plus facilement admise.

Toutes ces données de mouvement et de draperie sont, croyez-moi, assez simples, assez claires, et il n'est pas besoin d'insister.

∾

Une remarque toutefois a paru, ces jours-ci, être accueillie avec quelque faveur par les artistes détracteurs de la statue. Elle avait des apparences techniques, et il faut bien se rattraper à quelque chose : « La figure, disaient-ils dans l'argot de métier, *ne porte pas.* » En d'autres termes, elle ne tient pas debout ; elle va tomber. Ce qui ne tient pas debout, c'est cette remarque.

Le corps se devine parfaitement d'aplomb sur les jambes, malgré le mouvement en arrière très accentué. Mais vous avez à chaque instant, devant vous, des personnes qui se renversent en arrière, dans une conversation animée (j'en donnais un exemple tout à l'heure) et qui ne tombent pas pour cela.

Mais ce qui est plus piquant, c'est que cette critique est formulée par des sculpteurs à qui il paraît tout naturel de représenter journellement dans le marbre ou le bronze des figures qui volent, ou qui courent au grand galop, ou qui se tiennent sur le bout de l'orteil, ou encore la tête en bas. La sculpture des Salons modernes est le plus beau, le plus complet répertoire de mouvements faux qui se puisse imaginer. Regardez-les, comparez-les avec ceux des êtres vivants qui vous entourent, contrôlez-les avec vos propres mouvements, et vous verrez combien peu de sculpteurs sont fondés à faire une telle critique. Il est évident qu'au milieu de tous ces mouvements conventionnels, ridicules ou inharmoniques, un mouvement juste avait des chances de frapper ceux qui sentent la nature et de choquer ceux qui ne la sentent pas.

Et puis enfin, on n'oserait plus jamais, en sculpture, rendre un mouvement naturel sous prétexte qu'il ne fait pas partie de la liste de ceux que permet la routine des ateliers.

Nous pouvons donc conclure qu'au point de vue du mouvement, la statue de Balzac a dérouté justement parce qu'elle était vraie et simple.

⁂

La tête toutefois a été encore plus visée que le corps. C'est à la tête que l'on a cherché à frapper. On a affecté de ne pas comprendre ce que M. Rodin avait voulu faire, et de donner une interprétation, comique en effet, des explications qui avaient été données. M. Rodin aurait voulu réaliser non la statue de Balzac, mais la statue de son œuvre. Vous entendez d'ici toutes les gorges chaudes que l'on peut faire d'une idée aussi saugrenue. Celui-ci dit en pouffant qu'il voit le *Lys dans la vallée* avec une tête triangulaire. Cet autre entre deux crises d'hilarité, admire un monstre supposé qui aurait le nez de Vautrin, les yeux d'Eugénie Grandet et le menton de Rastignac.

Si l'on s'était donné la peine de comprendre, on aurait admis sans difficulté que le statuaire peut et doit donner à l'effigie d'un grand écrivain l'*expression* correspondant aux sentiments qui se dégagent de ses œuvres.

C'est ainsi que pour Balzac on ne peut méconnaître qu'il a vu de haut et d'ensemble les hommes de son temps et l'humanité en général ; qu'il émane de son œuvre un grand sentiment de gravité, de tristesse, et parfois de puissante raillerie.

Le sculpteur, l'homme qui donne, même en dehors de toute considération *littéraire*, la représentation plastique d'un visage humain mais qui ne veut pas faire simplement de la « photo-sculpture », n'a pas d'autres moyens matériels à sa disposition que de souligner les traits caractéristiques de ce visage : par exemple de retrousser et d'avancer la lèvre en un pli moqueur pour indiquer une expression satirique, d'accentuer l'arcade sourcilière et d'agrandir la cavité des yeux, pour que, par de belles taches d'ombre elles rappellent l'expression de la méditation et de l'observation, enfin d'exagérer au besoin le relief et la hauteur du front pour souligner les facultés créatrices. C'est précisément ce que M. Rodin a fait pour la tête de son Balzac.

Tout cela, ce sont des choses très courantes, très admises, et s'il y a quelque chose d'étonnant dans l'affaire, c'est qu'on soit obligé de les redire à cette occasion.

Eh bien, ce sont des artistes qui ont précisément nié ces choses simples, qui en toute autre circonstance ne font pour eux aucun doute. Je ne parle que d'artistes de réelle valeur, car à quoi servirait de nier qu'il s'est rencontré au milieu de ceux, très nombreux, qui niaient par hostilité, par envie, ou même par absolue incompréhension, d'autres artistes qu'on ne pourrait soupçonner de pareils sentiments, mais qui se refusaient à admettre ou à comprendre une œuvre qui heurtait soit leur éducation, soit leurs théories, soit même leur propre nature et vision? Un de ces adversaires que je rencontrai au sortir du Salon, se montrait réellement exaspéré. C'est un théoricien de haute valeur, qui a écrit notamment sur la couleur et le dessin des pages très instructives. Je lui demandai les raisons de son mécontentement.

— Mais ne voyez-vous pas, répondit-il entre autres choses, que dans la tête, toutes les proportions sont faussées?

— Certainement, je l'ai vu, et j'avais toujours cru, il me semble même l'avoir lu dans vos écrits, que la déformation des proportions moyennes était une des conséquences forcées de l'accentuation du caractère dans une œuvre d'art? Un de nos amis communs a même dit, dans une formule qui nous a paru des plus amusantes et des plus justes dans son absolutisme voulu : « *Le dessin, c'est la déformation.* »

— C'est absurde ! c'est de la littérature.

J'avoue que cette fois je ne fus pas heureux dans mes efforts pour tirer de mon éminent interlocuteur autre chose de plus clair et précis que cette réponse. Il est vrai que je me rappelai, trop tard, après que nous nous fûmes séparés, lui toujours très colère, moi très souriant et très heureux de continuer à admirer le Rodin, certains aphorismes d'Ingres que le même artiste m'a souvent cités avec joie, avec admiration : « Le cou ne saurait être trop long, » ou bien : « L'oreille dans une tête ne saurait être trop loin. » C'est là, si je ne me trompe, de la déformation des proportions au premier chef. Pourquoi ce qui était admirable dans la bouche de M. Ingres devient-il absurde et « littéraire » lorsque M. Rodin le met en pratique ?

Or si on admet que l'élongation extrême du cou peut donner à une figure une élégance spéciale, que l'écartement de l'oreille dans un profil est un élément de style, pourquoi ne pas consentir à ce que le cabossage d'un front, l'avancement d'un sourcil, l'engoncement d'une encolure, la moue exagérée d'une bouche lippue fussent tout aussi légitimes et nécessaires pour obtenir le caractère dans cette tête de Balzac, et en quelque sorte la véritable ressemblance immatérielle de ce grand esprit?

∽

On a beaucoup chicané sur ce mot de ressemblance, je dis sur le mot, encore plus que sur ce fait. Il existe, comme on sait, fort peu de documents graphiques sur Balzac : le buste de David qui est à la Comédie-Française ; un petit portrait de Louis Boulanger qui fut montré en 1889 à l'Exposition Universelle ; enfin un daguerréotype ou une photographie assez peu expressive faite jadis par Nadar. De tous ces documents, le plus précieux est encore le vif et beau portrait écrit de Lamartine. Les autres ne donnent guère que des indications littérales, des indications de volume, de construction générale, pouvant être interprétées de plusieurs façons.

Les membres du Comité de la Société des Gens de Lettres se sont donné l'extrême ridicule de dire dans leur ordre du jour de protestation, qu'ils ne *reconnaissaient* pas Balzac dans l'« ébauche » de M. Rodin. Si l'on voulait demain ériger un monument à Aristophane ou à Juvénal, y renoncerait-on parce que, en l'absence de photographies, il serait impossible de les « reconnaître » ? Et au contraire, si un sculpteur avait *imaginé* de toutes pièces un beau Juvénal, ne le reconnaîtrait-on pas sans difficultés, parce qu'il répondrait à l'idée qu'on peut se faire de ce satirique?

Plus préoccupé de ressemblance matérielle que l'on a affecté de le croire, M. Rodin a pris comme thème tous les traits généraux de la figure de Balzac; il en a conservé le volume, les particularités essentielles, puis il a, par son génie tout particulier, donné à cette tête de puissantes accentuations qui font, d'après son interprétation à lui, le Balzac qu'il suppose que Balzac lui-même aurait voulu être. Tout cela est très naturel, et, encore une fois, on se demande pourquoi tant de cris et de clabaudage?

Faites faire par trois peintres d'un tempérament opposé le portrait de la même personne. Ces trois portraits pourront être absolument ressemblants au modèle et absolument différents entre eux. On applaudira, et d'autant plus fort, que chaque artiste aura mis plus de son propre fonds dans l'interprétation du modèle.

La ressemblance matérielle, en art, est déjà une chose tout à fait relative. S'il s'agit d'un personnage déjà éloigné de nous, elle devient une chose très secondaire, surtout s'il y a dans l'image l'interprétation de certains traits fondamentaux par un artiste de génie. Si M. Rodin avait voulu nous imposer un Balzac maigre, avec le nez retroussé, une grande barbe, des lunettes, et des cheveux bouclés, en nous disant: « Que voulez-vous? c'est comme cela que je le vois, » la Société des Gens de Lettres n'eût pas fait rire en répliquant : « Nous ne le reconnaissons pas. » Mais ici se retrouvent les traits que nous savons, les joues pleines, le menton carré, la bouche forte, le haut front, les grandes masses de cheveux rejetés en arrière et retombant de côté, les yeux largement ouverts. Que lui chicane-t-on le reste, ce qu'il a ajouté d'ardent, d'éloquent, de vivant d'une admirable vie intellectuelle?

Ce qui est très comique c'est qu'au su de tout le monde, des membres de cette Société ont protégé M. Marquet de Vasselot et ont naguère tenté par des intrigues, qui ne furent pas très approuvées, de l'aider à supplanter M. Rodin, et que ces étranges Mécènes auraient sans sourciller accepté le monument exposé en 1896 par M. de Vasselot, et qui consistait à figurer Balzac en sphinx accroupi. Ah! mon bon communard, qui me prédisiez des émeutes le jour où l'on planterait le Balzac de Rodin sur la place du Palais-Royal, j'aime à croire que vous ne souhaitez pas d'y voir ce sphinx égyptien (et encore n'insultons pas les Egyptiens) avec la tête de Balzac d'après Nadar.

Nous ne croyons pas avoir omis une seule des principales objections ou questions relatives au mouvement, à la mise en scène et à la ressemblance. Au contraire, nous croyons même avoir volontairement été au-devant de certaines, car notre but n'était point de railler et d'insulter ceux qui ne comprennent pas, mais de chercher, en toute simplicité et bonne foi, à les aider à comprendre, pourvu qu'ils soient eux-mêmes loyaux et simples.

Il nous reste à parler d'un autre ordre de critiques, relatives à l'exécution même de la statue. C'est une chose sur laquelle il est bon de s'entendre et d'insister, car le public est fort dérouté, fort peu éclairé et bien souvent, au contraire, induit en erreur à ce propos.

La sculpture française, tournant le dos à ses origines, et perdant de vue le monument pour l'exposition ou l'étagère, est devenue à notre époque un art mièvre et pauvre (*). Particularité à l'excès, s'il s'agit de la représentation d'un personnage costumé à l'ancienne ou à la moderne, elle n'omet pas un revers de redingote, un dessin de dentelle, une bouffette de soulier, un bouton de paletot, une rosette de la Légion d'honneur avec tous ses plis. Bientôt, à l'exemple de la sculpture commerciale des Italiens de ce temps, dont elle se rapproche d'année en année, elle se fera gloire d'arriver à faire reconnaître par le spectateur le genre d'étoffe dont est fait l'habit.

(*) Quelques personnes, en lisant ceci, ne manqueront pas de comprendre que nous voulons nier ou rabaisser les belles œuvres des sculpteurs contemporains. Ceux-là savent bien qu'ils ne sont pas intéressés dans un débat où nous ne voulons point faire intervenir leur personnalité. A quoi bon citer des noms? Cet écrit ne se propose pas de combattre tels ou tels maitres, mais d'en défendre un.

On verra, chose essentielle, preuve de profond savoir, si tel grand homme se vêtait de cheviotte ou de drap d'Elbeuf et si telle statue de baigneuse porte un costume en tricot de coton ou en tricot de laine. C'est évidemment la destination du marbre, de la pierre ou du bronze.

Si au contraire il s'agit de figures nues, l'exécution est polie, ratissée à l'excès. Plus le marbre ressemble à de l'albâtre, plus le bronze ressemble à de la chaudronnerie fine, et plus l'on est flatté dans un certain goût d'agréable et de joli qui indique un certain amollissement des caractères et un éloignement progressif de la force et de la simplicité.

Une figure de la cathédrale de Chartres, exposée dans un de nos Salons annuels, ferait pousser des cris d'horreur. Une des admirables statues de l'école grecque primitive, une de ces sculptures éginétiques si simples, si belles, et qui sont par rapport à celles de l'époque de Phidias un peu ce que nos grandioses sculptures romanes sont à celles des treizième et quatorzième siècles, serait immédiatement baptisée, par les spirituels boulevardiers de l'art, bonhomme de neige, ou de pain d'épice, ou toute autre gaie comparaison.

En un mot, on a perdu le sens du simple dans l'exécution; on ne se rend plus compte que la suprême beauté, en sculpture, consiste dans la trouvaille des grandes lignes et dans l'entente des grands plans. Avec des tempéraments différents, des conditions différentes de race, de climat, de destination, c'est ce qui fait la beauté de ces Egyptiens auxquels faisait si peu penser le sphinx de M. de Vasselot, et des Grecs, et de nos imagiers du moyen âge, et des décorateurs des temples d'Angkor, et des sculpteurs japonais, aussi bien dans leurs Bouddahs colossaux que dans leurs minuscules netzkés.

M. Rodin, en sculpteur de race, en artiste qui se rattache directement à la grande tradition française, a toujours recherché la franchise du mouvement, l'accentuation du caractère, puis le robuste et logique agencement des plans, avec une exécution très simple, qui parfois confine au fruste. Dans son Balzac, il est arrivé à de grandes simplifications.

Dans le public trompé par ce faux art du poli et du détail, qui n'est que du tour de main de praticien, secondaire et accessible à tout le monde, on en est arrivé à croire qu'une statue exécutée avec cette volontaire simplicité de silhouettes et de plans, était une œuvre bâclée, pas finie, une « ébauche » comme disent les Gens de Lettres.

Le statuaire Préault qui avait été en butte à de semblables critiques répondait : « Je ne suis pas pour le fini, je suis pour l'infini. » Le fini, tel qu'on l'exigerait de M. Rodin, serait plus exactement de la puérilité.

La recherche de ces simplifications est en

réalité ce qu'il y a de plus long et de plus difficile. Elle nécessite un savoir considérable, et on n'imagine pas par quelle suite d'efforts, de recommencements, de sacrifices successifs et raisonnés, M. Rodin est arrivé à la ligne définitive et aux plans synthétiques de son Balzac. Et encore ne pouvait-il obtenir ce résultat qu'au prix de toutes ses œuvres antérieures.

Ainsi ont procédé tous les grands artistes qui, dans leur évolution, se sont constamment élevés du particulier au général, du détaillé au résumé. C'est ce dont on peut facilement se rendre compte chez les maîtres illustres que l'on admet aujourd'hui sans discussion, et c'est ce qu'on n'a pas voulu voir ou su comprendre chez M. Rodin, tant sont hâtifs, superficiels et ignorants les jugements que l'on porte, en bien ou en mal, dans les journaux et dans les conversations mondaines.

Mais c'est une loi constante, dont les grands exemples ne manquent pas. Les œuvres de jeunesse de Titien sont minutieuses, soignées, encore très voisines des maîtres de Murano dont il sortait. Ses œuvres d'âge mûr, ses tragiques œuvres de vieillesse vont peu à peu en se simplifiant, en exprimant des choses prodigieuses par des moyens de plus en plus frugaux tout en demeurant d'une richesse extrême.

Chez Rembrandt, même saisissant phénomène. La *Leçon d'anatomie* est d'une grande sagesse d'exécution, d'une minutieuse application auprès des portraits de la fin de sa vie, qui atteignent une énergie suprême par des lignes sommaires, et quelques touches de brun, de jaune et de noir.

Comment! mais c'est la joie la plus grande d'un peintre de pouvoir, par une touche placée juste à propos, après de longs calculs ou une profonde expérience, sous-entendre tout ce qu'il ne dit pas, mais le sous-entendre si expressément que tout le monde doit le voir comme s'il l'avait exprimé à la façon d'un écolier. C'est le triomphe d'un sculpteur de faire percevoir une masse dans toutes ses particularités par une ligne heureusement trouvée. « La sculpture, a-t-on dit, est un contour vu de tous les côtés. »

Prenons encore d'autres exemples dans notre propre temps. Corot, qui n'a pas été moins bafoué que l'est aujourd'hui l'auteur du Balzac, a commencé avec une docilité de pensionnaire, à copier les arbres feuille par feuille, branche par branche, ce qui lui a permis dans la seconde partie de sa vie d'arriver à rendre par quelques touches de couleur tout le frémissement des forêts dans lesquels se jouent la lumière et l'air.

C'est le rêve, c'est la passion des vrais artistes, c'est la jouissance de ceux qui les savent goûter. Hokousaï écrivait, dans une page qui deviendra un jour classique comme les écrits de Léonard de Vinci : « J'ai commencé à savoir dessiner à soixante ans. Si je vis encore une vingtaine d'années je veux arriver à donner de la vie à une ligne, à un point ! »

Il est certain que si l'on se livrait à l'opération inverse, si un artiste à peine sevré, et aussi prétentieux que jeune, ou bien un de ces amateurs infatués que l'on a vus en ces derniers temps, grâce à la veulerie des artistes, envahir les expositions, voulait commencer par ces sortes de synthèses, elles ne seraient qu'une affirmation de tout ce qu'ils ignorent, tandis que chez un maître qui a travaillé, comparé et médité toute une vie, elles sont l'affirmation de tout ce qu'il a appris et inventé. Il y a ligne et ligne.

∾

Aussi est-on surpris de voir que des écrivains, des peintres doués d'une certaine réputation, des gens qui ont un certain goût de l'image, aient cru que M. Rodin inaugurait « une nouvelle formule », recherchait le contraire de ses œuvres précédentes. Le sculpteur de Balzac est exactement celui des *Bourgeois de Calais*, de *Claude Lorrain*, et tout aussi bien de ce groupe du *Baiser* qu'on oppose au *Balzac*. Où l'on a vu un « changement » — nous ne parlons pas des adversaires de mauvaise foi dont c'est l'éternelle tactique de chercher à écraser la dernière œuvre venue par toutes les précédentes, qu'ils avaient également niées, — il n'y a qu'une continuité d'efforts et la suite, très simple, d'une évolution.

Quant à ceux qui vont raillant M. Rodin et disant avec une ironie qu'ils croient décisive : « Vous savez, il prétend que sa sculpture est la sculpture de l'avenir? » les pauvres gens!

Ils ressemblent à la jeune fille dont je parlais : « Vous savez, il paraît qu'il devient fou? »

Certes, M. Rodin nous a procuré la joie de grandes nouveautés en sculpture, mais ces nouveautés étaient simplement l'expression de sa nature qu'il apportait en arrivant à son tour, après tant de grands artistes. C'est dans ce sens que ses vrais admirateurs ont pris le mot de nouveauté, sur lequel on a épilogué ironiquement.

A chaque saison la terre apporte des fruits *nouveaux*; à chaque époque, l'art s'enrichit d'œuvres *nouvelles* émanées de nouveaux êtres supérieurs aux autres — parce qu'ils sont nés tels. Est-ce à dire que ces œuvres effacent toutes celles qui les ont précédées, et que les richesses de l'humanité se changent, comme les écus d'or du conte, en feuilles sèches, lorsqu'une autre richesse se découvre? Ah! Rodin, vous que je sais si troublé d'admiration, si débordant de vénération devant les œuvres des grands maîtres des temps disparus, devant la moindre et si éloquente relique des Egyptiens, des Grecs, des imagiers français, vous que j'ai vu si tremblant, si anxieux et si humble devant vos propres œuvres, devant celles même où vous aviez mis de vraies larmes, de vrai sang, faut-il qu'on nous comprenne mal, vous et vos amis ! Faut-il que es esprits de certains, avilis par les intérêts matériels mal entendus, et de tels autres faussés par des préjugés d'éducation et des mots d'ordre d'Académies, aient besoin de ne pas voir !

Une sculpture nouvelle ! Ah ! oui, nouvelle par le temps qui court, où tout est routine ! Une sculpture nouvelle, certes, car nous revendiquons pour vous une place à côté de tous ceux qui nous ont apporté à travers les âges, des œuvres qui sont encore et toujours nouvelles pour nous.

Voilà tout ce que nous avons voulu dire, et voilà pourquoi nous avons admiré la statue de Balzac, sans nous préoccuper davantage des fureurs ou des réflexions spirituelles des uns ni des excès d'enthousiasme de ceux qui admirent de commande et par mode. C'est pourquoi nous admettons très bien le langage qu'un artiste tenait récemment à un bourgeois qui devant lui vantait sans mesure le *Balzac* : « Je ne vous reconnais pas le droit de vous extasier sur une œuvre que moi je n'ai pas encore comprise. »

Ce langage est certainement honnête et chez ceux qui le tiennent il y a l'espoir, le désir de comprendre un jour. C'est à eux que nous avons destiné les quelques explications et réflexions qui précèdent. Heureux si nous avons pu les amener à regarder avec calme et simplicité.

❦

Avons-nous réussi à démontrer que la statue de Balzac est une belle œuvre? Hélas! nous savons bien que non, car ce ne sont pas là des choses qui peuvent se démontrer comme une proposition de mathématiques. Placez devant la plus belle figure antique, devant le plus beau tableau de Raphaël, un être insensible, et tous les discours du monde ne lui donneront pas la sensibilité, la grâce nécessaire. Mais s'il est doué de cette sensibilité, vous pourrez parfois réussir à lui faire voir soudain, par un mot, par un geste, ce qu'auparavant il ne percevait pas ou ce qu'il méconnaissait.

Si nous pouvions, au milieu de tant de paroles, avoir dit un de ces mots utiles! Nous aurions la consolation d'avoir servi non seulement la nouvelle statue de M. Rodin, mais d'avoir aidé à goûter tout un ensemble d'œuvres et d'idées auxquelles celle-ci se rattache.

Tout le reste est misère.

Tout le reste est chroniques, papotages, faits divers et perfidie ou entêtement. Ne faut-il pas rire, à notre tour, et rire franchement de ceux qui voient de la politique dans ces questions d'art, de ceux qui à l'instar de notre délicieux communard de tantôt voudraient faire noyer ou fusiller comme dangereux ceux qui admirent ce qui, au lieu de brouiller les hommes, devrait au contraire les rapprocher dans une même pensée d'admiration et d'amour, une belle œuvre d'art ?

Il en faut rire, mais pas trop longtemps, car ce serait encore faire de l'honneur à des transitoires sottises qui font autant de bruit qu'elles durent peu.

C'est pourquoi nous serons très brefs sur l'incident de la Société des Gens de Lettres. Les personnes qui composent le comité de cette Société ont assumé un rôle bien ingrat et qui peut se résumer en ceci. Elles sont allées naguère trouver un artiste que rien ne les forçait de déranger. Elles se sont engagées à lui laisser accomplir son œuvre suivant sa vision et sa conscience. Puis, ignorant, probablement faute d'expérience, qu'on ne fait de belles choses qu'avec beaucoup de temps et d'efforts, elles ont commencé par troubler le sculpteur et le harceler, comme on oserait à peine presser un bottier ou un tailleur qui serait artiste en son métier.

Ayant perdu devant l'opinion indignée cette première partie, les Gens de Lettres ont cru se rattraper par un mesquin et outrageant procédé. Abusant d'une sorte d'équivoque qui aux yeux du public peut les faire passer pour un groupe officiel, ayant qualité pour juger, ils ont publié un « ordre du jour » de nature à porter atteinte momentanément à la réputation et aux intérêts de l'artiste.

Enfin, pure société d'exploitation commerciale, ils ont laissé entendre qu'ils refuseraient de faire honneur à leur signature. Ils n'ont pas plus « reconnu » leur parole qu'ils n'ont « reconnu » l'image de Balzac.

Leur histoire se ramènera simplement à cela, une fois tout le bruit passé et l'œuvre demeurant. L'on se contentera de dire plus tard que la Société des négociants en littérature au dix-neuvième siècle s'est montrée moins belle d'allures, dans ses rapports avec Rodin, que la corporation des Drapiers hollandais au dix-septième siècle dans ceux qu'elle eut avec Rembrandt, ou encore que les pieuses Gildes de jadis dans leurs relations avec Fra Angelico, Van Eyck ou Memling (*). Et il n'en sera rien de plus.

On oubliera toutes les polémiques, toutes les questions de personnes. On ne les connaîtra pas, on ne les comprendrait plus, et la présente brochure rentrera bien vite comme le reste dans le néant des discussions après avoir du moins tenté de procurer à quelques vivants, le plaisir de goûter une œuvre durable.

(*) C'est d'ailleurs un industriel, M. Pellerin, qui, plus près de ces belles traditions, a donné aux gens de lettres, en achetant la statue, une leçon que les gens de cœur approuvent, — et déplorent.

L'artiste est enfermé dans son atelier. Il se reprend à travailler, il cherche de nouvelles lignes, de nouvelles expressions. Il n'est pas plus responsable de ce qui se fait de tapage à sa porte, qu'il ne peut ni ne doit être influencé par ce tapage.

S'il fallait en croire certains, qui par un phénomène qu'ils ne peuvent s'expliquer, mais qui ne s'explique que trop bien pour nous, n'ont jamais couru ce danger d'être gâtés par les éloges, M. Rodin serait, comme d'autres remarquables artistes de ce temps, une victime des littérateurs.

Vraiment ce serait avoir peu de chance avec les écrivains, et les littérateurs feraient une aussi triste figure que les Gens de Lettres.

C'est accorder bien peu de conscience et bien peu de force d'âme à un artiste qui a fait ses preuves que de le supposer perdu et dévoyé dès qu'il a attiré autour de lui, par la seule beauté et nouveauté de ses œuvres, d'ardentes sympathies qui sont sa consolation et son point d'appui.

C'est accorder bien peu d'honnêteté à ceux qui le défendent que de les dire capables de le soutenir par un esprit de coterie et de le corrompre par des éloges sans mesure.

Je crois que ni l'artiste, ni ses amis n'ont besoin d'être défendus sur ce point devant les honnêtes gens.

Tout au plus pourra-t-on faire remarquer que jamais certains notables commerçants en art ne seront l'objet de pareilles admirations et le prétexte de combats comme ceux que nous avons vus cette fois. C'est un assez bon critérium de l'importance de leur œuvre et de la portée de leurs jugements sur elle.

Mais pour en finir avec cette question, assez puérile d'ailleurs, des rapports entre les artistes qui luttent et les écrivains qui les défendent, nous souhaiterions que l'on s'habituât enfin à deux idées beaucoup plus justes, nous dirions presque à deux *faits* beaucoup plus évidents.

Le premier, c'est que ce sont plutôt les artistes créateurs qui exercent une influence sur la littérature. C'est une vérité d'histoire qui n'a pu être altérée que par des interprétations hâtives ou intéressées.

Le second, c'est qu'il est *matériellement* impossible à un artiste face à face avec sa toile ou son bloc de terre, de le nourrir avec des mots. Il est organisé de telle sorte que sa pensée s'exprime par des lignes et des couleurs, des contours et des saillies. Il est donc de toute nécessité, lorsque son ouvrage sort de ses mains et est projeté dans la pleine et brutale lumière du dehors, qu'il l'ait cru, en conscience, robuste et définitif.

En un mot, le véritable artiste (et M. Rodin est de ceux-là de l'aveu même de ses pires détracteurs) ne peut satisfaire ses amis qu'après s'être satisfait lui-même.

C'est une harmonie, et non point une complicité.

ARSÈNE ALEXANDRE.

IMPRIMERIE PAUL LEMAIRE
PARIS

"L'Image"

Le plus intéressant recueil d'Art et de Littérature Modernes

BROCHÉ : 30 FR. RELIÉ : 40 FR.

H. FLOURY, ÉDITEUR

PARIS, 1 Bd DES CAPUCINES